BEI GRIN MACHT SICH IH WISSEN BEZAHLT

- Wir veröffentlichen Ihre Hausarbeit, Bachelor- und Masterarbeit

- Ihr eigenes eBook und Buch - weltweit in allen wichtigen Shops

- Verdienen Sie an jedem Verkauf

Jetzt bei www.GRIN.com hochladen und kostenlos publizieren

Bibliografische Information der Deutschen Nationalbibliothek:

Die Deutsche Bibliothek verzeichnet diese Publikation in der Deutschen National-bibliografie; detaillierte bibliografische Daten sind im Internet über http://dnb.d-nb.de/ abrufbar.

Impressum:

Copyright © 2018 GRIN Verlag
Druck und Bindung: Books on Demand GmbH, Norderstedt Germany
ISBN: 9783346031662

Dieses Buch bei GRIN:

https://www.grin.com/document/499096

Monika Krotoszynska

Die Mutter-Tochter-Beziehung im Roman "Die Klavierspielerin" von Elfriede Jelinek

GRIN Verlag

GRIN - Your knowledge has value

Der GRIN Verlag publiziert seit 1998 wissenschaftliche Arbeiten von Studenten, Hochschullehrern und anderen Akademikern als eBook und gedrucktes Buch. Die Verlagswebsite www.grin.com ist die ideale Plattform zur Veröffentlichung von Hausarbeiten, Abschlussarbeiten, wissenschaftlichen Aufsätzen, Dissertationen und Fachbüchern.

Besuchen Sie uns im Internet:

http://www.grin.com/

http://www.facebook.com/grincom

http://www.twitter.com/grin_com

Inhaltsverzeichnis

Einleitung

Es unterliegt keinem Zweifel, dass Mutter- Tochter – Beziehung oft problematisch sein kann. Die Mütter wollen perfekt sein. Dieser Perfektionismus kann jedoch irreführend sein, weil es sehr oft passiert, dass sich die Töchter dadurch nie losgelassen überbehütet fühlen. An dieser Stelle wäre es angebracht, festzustellen, dass die perfekte Mutter einer perfekten Tochter sein zu müssen ein Mythos ist, von dem wir uns befreien sollen, sonst kann es zu einem größeren Konflikt kommen. Die Vorstellung, dass man nur als "gute" Mutter etwas wert ist, bringt nur Missverständnisse mit sich. Viele Mütter verlangen von ihren Töchtern, dass sie ihre unerfüllten Wünsche verwirklichen, egal ob sie imstande sind oder nicht. Wichtig ist hier die Aussöhnung mit sich selbst und der eigenen Lebensgeschichte.

Es gibt auch Fälle, dass die Töchter von den Müttern vernachlässigt und abgewertet werden. Die Mütter versuchen ihnen das auf Schritt und Tritt zu beweisen, was auch schlimme Konsequenzen haben kann. Angesichts solcher Situation geben die Töchter die Rolle des bedürftigen Kindes auf und versuchen sich selbst eine gute Mutter zu sein, indem sie ihr "inneres Kind" liebevoll wahrnehmen und sich selbst das geben, was die Mutter "da draußen" ihnen nicht geben kann.

Auch sie Töchter sind oft daran schuld, dass etwas in der Mutter- Tochter –Beziehung schlief geht, indem sie ihre Mütter ignorieren und statt in ihr eine Freundin zu sehen, finden sie sie als einen Feind.

Man soll sich dessen bewusst sein, dass nicht jede Mutter-Tochter-Beziehung positiv gewandelt werden kann, was aber nicht bedeutet, dass es in dieser Hinsicht keine Ausnahmen gibt und dass es nie zu einer Versöhnung kommt. Man muss sich wirklich viel Mühe geben. Sehr oft werden im Endeffekt Erstarrungen gelöst. Tränen werden in Dankbarkeit gewandelt.

Auch in der Literatur wird das Thema Mutter-Tochter-Beziehung nach wie vor aktuell und es entstehen neue Werke, die sich mit diesem Problem auseinandersetzen. Ein von ihnen ist der Roman von Elfriede Jelinek, dessen Titel „Die Klavierspielerin" ist. Die Darstellung der Mutter-Tochter-Beziehung und ihre Analyse bilden den Kernpunkt der vorliegenden Arbeit.

1.Elfriede Jelinek – Leben und Werk

Ich versuche, die Sprache selbst zu zwingen, die Wahrheit zu sagen, sozusagen die Wahrheit hinter sich selbst, wo sie versucht sich zu verstecken.

Elfriede Jelinek

1.1 Lebensweise

Elfriede Jelinek, die erfolgreichste gegenwärtige österreichische Schriftstellerin, ist am 20. Oktober 1946 in Mürzzuschlag in Steiermark geboren. Als Kleinkind wurde sie in eine private Tanzschule zum Balletunterricht geschickt. Kleine Elfride war wirklich begabt, denn mit sechs Jahren begann sie Klavier zu spielen und sie lernte sehr schnell. Dazu kamen drei Jahre später die nächsten Instrumente, nämlich Blockflöte und Geige.[1] Sie wollte die Berufsmusikerin werden und jeden Tag übte sie viele Stunden. Diese Lebensetappe spiegelt sich einigermaßen in ihrem Roman Die Klavierspielerin wider.

„Zweimal hat Elfriede Jelinek ihre musikalische Laufbahn zum Thema von Romanen gemacht. In Die Ausgesperrten und in Die Klavierspielerin.[2]

Elfride Jelinek interessierte sich schon seit ihrer Kindheit für die Kunst im wahrsten Sinne des Wortes. Im März 1971 legte sie die Abschlussprüfung im Fach Orgel ab. Im Laufe der Zeit änderte sich ein bisschen ihr Interesse und sie begann Gedichte zu schreiben. Von Bedeutung ist auch ihr Verhalten in dieser Zeit, das man auch in ihrem Werken bemerken kann.

An Anfang wollte sie Medizin oder Biologie studieren, aber im Herbst 1964 fang sie an an der Universität Wien zu studieren. Elfriede gab dieses Studium auf. Sie besuchte dann im Jahr 1971 das Konservatorium, aber sie gab es auch sowie die Universität auf. Sie widmete sich dem Schreiben der Gedichte und befasste sich dabei mit zwischenmenschlichen Beziehungen. Ein nächster Schlag in ihrem Leben war Krankheit ihres Vaters, der unter Alzheimer litt. Er war im Sanatorium untergebracht, wo er auch später starb. Ihr Vater Friederich Jelinek war sehr still und ihre Mutter Ilona Jelinek war eine patente und ehrgeizige Frau.

---

[1]Mayer, V., Koberg, R., Elfriede Jelinek: Ein Porträt, Reinbek bei Hamburg 2006, S. 11.
[2]Ebd., S. 18.

Elfriede wollte unabhängig von ihrer Mutter sein und alleine leben, deshalb verließ sie das Haus und begann die nächste Etappe ihres Lebens, in der sie sich völlig dem Schreiben widmete.

Den nächsten wichtigen Schritt machte Elfriede am 12. Juni 1974, indem sie Gottfried Hüngsberg heiratete.

Als sie klein war, verbrachte sie Samstagnachmittage in der psychiatrischen Kinderklinik, weil sie sehr hyperaktiv war. Elfriede hatte ein Problem weil sie Angst vor vollen Räumen hatte, und deshalb ging sie immer dahin mit ihrer Mutter. Dann kam noch dazu die Gesprächstherapie, an der sie teilnehmen musste. Im Jahr 1969 verbesserte sich ihr psychischer Zustand. Sie nahm sogar an dem Wettbewerb der Innsbrucker Jugendkulturwoche teil und sie gewann.

Zu ihren Preisen und Auszeichnungen gehören unter anderem das Österreichische Staatsstipendium für Literatur (1972), der Drehbuchpreis des Innenministeriums der BRD (1979), der Heinrich-Böll-Preis der Stadt Köln (1986), der Literaturpreis des Landes Steiermark (1987) und Deutschlands höchste Literaturauszeichnung: der Georg-Büchner-Preis (1998).

Am 7. Oktober 2004 wurde Elfriede Jelinek Literaturnobelpreisträgerin. „Für den musikalischen Fluss von Stimmen und Gegenstimmen in Romanen und Dramen, die mit einzigartiger sprachlicher Leidenschaft die Absurdität und zwingende Macht der sozialen Klischees enthüllen", so lautete die Begründung für die Preisvergabe 2004, als sie Literaturnobelpreis erhielt.

Die Reaktionen auf den Preis waren verschieden. Für manche war sie einfach Provokateurin. Mit Zustimmung oder Ablehnung wurde sie als die Sprachkünstlerin die Feministin, die Avantgardistin, die Pornografin, die Antifaschistin, die Nihilistin, die politische Mahnerin sowie die Kunstfigur beschrieben. [3]

Die internationale, nicht-deutschsprachige Rezeption der Werke Elfriede Jelineks gewann an Bedeutung in den 1980er Jahren. [4] Einen großen Einfluss hatte darauf eben der Roman „Die Klavierspielerin" von 1983 sowie die Verleihung des renommierten Heinrich-Böll-Preises der Stadt Köln im Jahre 1986. Als erste erschien 1986 eine Übersetzung der „Klavierspielerin" ins Schwedische. Bis 1988 folgten Übersetzungen dieses Romans ins Niederländische, Englische und Französische.

---

[3] Ebd., S. 19.
[4] Bartens, D., Pechmann, P., Elfriede Jelinek: die internationale Rezeption, Graz 1997, S. 43.

Die Zahl der Übersetzungen von Jelineks Werken stieg enorm vor allem durch die Zuerkennung des Nobelpreises im Jahre. Bis 2008 wurde das Werk in 37 Sprachen übersetzt. Wichtig ist auch die internationale Rezeption der Werke Jelineks in solchen Ländern wie Italien, Spanien, Frankreich, Großbritannien und USA.

2004 gründete Elfriede Jelinek an der Universität Wien sogar ein Forschungszentrum.

1.2 Werk

Die Thematik, mit der sich Elfriede Jelinek in ihren Werken befasst, ist sehr umfangreich. Elfriede Jelinek schreibt über Missstände sowohl im öffentlichen, politischen, als auch im privaten Leben der österreichischen Gesellschaft. So steht sie einigermaßen im Mittelpunkt ihrer literarischen Interessen.

In vielen ihren Werken beruft sie sich auf Themen, Motive und Texte der griechischen und römischen Antike. Die Rezeption antiker Stoffe ist besonders in ihren Theaterstücken zu beobachten.[5]

Ihr Repertoire beschränkt sich jedoch nicht nur auf sie. Jelinek ist auch Autorin von zahlreichen Essays und Romanen. Aktuelle Themen sind ihr natürlich auch nicht fremd.

Ihre kritische Haltung gegenüber den Medien charakterisiert ihr Drama "Stecken, Stab und Stangl – Eine Handarbeit" . Die Vielfalt ihrer literarischen Themen zeigte Jelinek den Lesern am Bespiel des Romans "Die Kinder der Toten", in dem solche Motive wie Heimat, Mutter-Tochter-Verhältnis, Leben und Tod ans Licht kommen. Die österreichische Schriftstellerin schrieb den ersten Poproman in deutscher Sprache unter dem Titel wir sind lockvögel, baby! (1970) Ihre kritische Haltung gegenüber den Medien brachte sie mit dem Drama Stecken, Stab und Stangl. Eine Handarbeit (uraufgeführt 1996) zum Ausdruck. Sie verfasst aber auch die Schauspiele Was geschah, nachdem Nora ihren Mann verlassen hatte (ua. 1979), Clara S. (ua. 1982) oder Krankheit oder Moderne Frauen (uraufgeführt 1987). 2000 erschien der Roman Gier. Ein Unterhaltungsroman.[6]

Ihr Leitmotiv sind Frauen, die in der von Männern dominierten Gesellschaft leben und die von ihnen sexuell unterdrückt werden. Jelinek fürchtet sich nicht und bringt tabuisierte Aspekte menschlicher Beziehungen ans Licht. Das Problem von Gewalt und Macht in der Familie ist ihr auch nicht egal.

---

[5] Mathä, J., Fortschreibung des antiken Botenberichts in Elfriede Jelineks Rechnitz (Der Würgeengel), Wien 2007, S.1.
[6] Janz, M., Elfriede Jelinek, Stuttgart 1995, S.98.

Sehr wichtig ist für sie immerhin die Abschaffung der Klassengesellschaft, was auch ziemlich oft ihn ihren Werken zum Ausdruck kommt.

In ihren Romanen konzentriert sie sich mehr auf private Unterdrückung der Frau durch den Mann, der immer als brutal dargestellt wird als auf Benachteiligung der Frau in der Gesellschaft.[7]

Die Frauen werden hilflos und gesellschaftsorientiert dargestellt. Sie versuchen sich dem vorbeigehenden Leben anzuschließen. Von Bedeutung ist auch die Tatsache, dass sie die Frau als Objekt des Mannes darstellt, die ihm unterworfen ist.

So setzt sie sich ziemlich intensiv mit der Rolle der Frau auseinander. Dasselbe bezieht sich auch auf die Auswirkung von Gewalt und Macht im weitesten Sinne dieser Worte.

Dank ihrem umfangreichem und anspruchsvollem schriftstellerischem Schaffen hat sie sich einen relativ festen Platz in der deutschsprachigen Literatur garantiert. Ihre Werken gehören bestimmt nicht zu den einfachsten. Schon die Sprache selbst ist manchmal ziemlich „ rätselhaft". [8]

Dazu kommt noch die Vielschichtigkeit der Problematik, die sie in ihren Werken darstellt. So sollte man sie auch betrachten, was bei ihrer Analyse behilflich sein kann. Global kann man in diesem Fall gar nicht vorgehen, weil die literarische Verwicklung in Jelinek Werken sehr tief ist.

Nicht ohne Bedeutung sind also auch bei der Interpretation ihrer Werke charakteristische Sprachmittel sowie inhaltliche Komponenten. [9]

Was die Darstellung ihrer Themen betrifft, verwendet Jelinek eine besondere Technik. Sie spielt einfach mit Sprache und experimentiert mit ihr. Man merkt aber dabei, dass ihr das wirklich Spaß macht. Typisch für sie sind doch ziemlich merkwürdige Wortzusammensetzungen, sowie stereotype ironische Formulierungen. Auch sie haben ihre bestimmte Funktion. Manchmal sind sie einfach komisch und manchmal können sie sogar das Publikum schockieren.

Das literarische Schaffen von Elfriede Jelinek bezieht sich also auf ziemlich breite Palette, was sowohl Thematik, als auch die Sprache betrifft. Die Sprache, die in den Werken von Elfriede Jelinek vorkommt, ist ziemlich merkwürdig und man sollte sie auch analysieren.

---

[7] Ebd. S.100.
[8] Janke, P., Neuwirth, O., Spiel mit Formen und Bedeutungsebenen. Olga Neuwirth (Wien) im Gespräch mit Pia Janke. In: Janke, Pia (Hg.): Elfriede Jelinek: „Ich will kein Theater". Mediale Überschreitungen. Wien 2007, S. 410.
[9] Ebd., S.411.

In ihren Werken findet man ansonsten einige Gemeinsamkeiten bei der Verwendung der Sprache. Es tauchen ähnliche sprachliche Mittel sowie ihre besonderen Anwendungen auf. Oft hat man einfach den Eindruck, dass Elfriede Jelinek eine neue Sprache konstruiert.

In den Texten von Elfriede Jelinek spielt das Verhältnis von Sprache und Realität, Literatur und Wirklichkeit eine wesentliche Rolle. Schestag hat dieses Verhältnis zwischen Sprache und Realität in Jelineks Werken so resümiert: "Es handelt sich bei ihren Texten um eine radikale Umkehrung jenes Abbildungsverhältnisses, in dem Widerspiegelungstheoretiker das Verhältnis von Sprache und Realität, Literatur und Wirklichkeit gesehen haben. [...] Die Sprachspiele, die Jelinek in ihren Texten inszeniert, variieren Möglichkeiten. Sie verändern Perspektiven und beleuchten Zusammenhänge neu, so daß der Blick auf vorhandene Realitäten sprachlicher wie außersprachlicher Art sich verändert, Probleme in anderem Licht erscheinen und neue Kontexte gebildet werden".[10]

Elfriede Jelinek selbst sagt über ihre Sprache Folgendes: „Meine Texte sind ja eher nach kompositorischen Prinzipien gebaut, wo das Wort selbst eben das Klangmaterial ist. Das sind eigentlich Sprachkompositionen, was viel zu wenig erkannt worden ist in der Rezeption.[11]

Was den in den Romanen angewandten Stil angeht, kann festgestellt werden, dass er in einigen Bereichen gewisse Veränderungen aufweist. Besonders betreffen sie aber die stilistische Ebene des Textes. Typisch sind hier ironische Skizzen sowie der Gebrauch der Sprichwörter, die von Jelinek sehr oft modifiziert werden. Der rasche Wechsel von Perspektiven ist eine der charakteristischen Erzählweisen Jelineks. Auch das Sprachspiel der Ironie ist in den Romanen präsent.[12]

Zu ihren Schwerpunktthemen zählten nun Frauen in der von Männern dominierten Gesellschaft und die sexuelle Unterdrückung der Frau. In der Darstellung ihrer Themen verwendet Jelinek eine besondere Technik der Sprache: Sie setzt unterschiedliche Textsorten, wie zum Beispiel aus der Werbung oder aus Schubertliedern ein, oder sie verwendet stereotype Formulierungen auf ironische Weise, um ihre wahren Bedeutungen zu enthüllen.

In den literarischen Werken von Elfriede Jelinek lässt sich wirklich eine sehr interessante Persönlichkeitsdarstellung der Protagonisten beobachten. Der Ausgangspunkt ist in dieser

---

[10] Schestag, U., Sprachspiel als Lebensform. Strukturuntersuchungen zur erzählenden Prosa Elfriede Jelineks. Bielefeld 1997, S. 31.

[11] Glenk, E., Die Funktion der Sprichwörter im Text. Eine linguistische Untersuchung anhand von Texten aus Elfriede Jelinkes Werken. Wien 2002, S. 65.

[12] Schestag, U., Sprachspiel als Lebensform. Strukturuntersuchungen zur erzählenden Prosa Elfriede Jelineks. Bielefeld 1997, S.33.

Kreation der Kampf zwischen den Geschlechtern, der Kampf des männlichen gegen das weibliche Prinzip. [13]

Was die Frauen betrifft, sind sie da sowohl ökonomisch als auch emotional von den Männern abhängig. Diese Abhängigkeit spiegelt sich doch sehr deutlich in ihrem Handeln wider. Von Bedeutung ist dabei auch ist Tatsache, dass die Frau durch ihr Handeln ein spezifisches Wesen ist. Einerseits scheitert sie an dem Konflikt zwischen ihrer Sexualität und ihrer Kreativität, andererseits aber an dem Verstand als Gegensatz zu ihrer Emotionalität. So ist sie zwar in der Gesellschaft präsent, was aber geistigen Werte leider nicht betrifft.[14] Durch solche Figurenkonstellation versucht Jelinek die Leser zu überzeugen, was ihr auch immerhin gelingt, dass die Frau nie als ein Subjekt, sondern immer nur als ein Objekt auftritt. Dieses gewisse Konflikt mit der Gesellschaft trägt oft dazu bei, dass die Frauen wegen des Unrechts, das die Männer antun sowie wegen Stereotypen, denen sie sich anpassen müssen, sehr leiden. In der Beziehung zwischen dem Mann und Frau gibt es viele Konventionen, die Degradation der Frau verursachen und die laut Jelinek den Grund des unvermeidbaren „Untergangs" bedeutet. Dazu kommt noch die völlig verkehrte, krankhafte Sexualität, die der Frau nichts anderes als ihre absolute Vergegenständlichung garantiert.[15]

Die Kritik der zwischenmenschlichen Beziehungen ist bei Jelinek mit der Kritik der kapitalistischen Gesellschaft sowie des Konsumlebens eng verbunden. Jelinek Kritik bezieht sich auf die kapitalistisch-patriarchalisch orientierte Gesellschaft bezieht. Dabei ist aber ihr Blick im die ganze Zeit auf die schlechten gesellschaftlichen Bedingungen und auf Frauen gerichtet ist. Jelinek zeigt in ihren Romanen ganz bewusst die ganze Problematik auf, die das Schicksaal junger Frauen begleitet.

Natürlich gibt es Jelinek Befürworter, als auch Gegner. Per Wästberg, der Sprecher der Nobelpreisjury sagte Folgendes über sie: „Sie ist eine Autorin, die mit ihrem Zorn und mit Leidenschaft ihre Leser in den Grundfesten erschüttert."

„Das Besondere an Jelineks Werk ist die politische Brisanz ihrer Themen und die ästhetische Sprengkraft ihrer Texte. ... Als eine der bekanntesten und umstrittensten Autorinnen im deutschsprachigen Raum schreibt sie Prosa und Dramen, die keine zentrale Interpretation, die das Herz ihrer Texte träfe, zulassen. Vielmehr entwickelt sie eine Struktur, die dezentriert. Für diese Struktur weidet sie verschiedene Textkörper aus, zerlegt sie und fusioniert Partikel neu.

---

[13] Burger, R. Der böse Blick der Elfriede Jelinek. – In: Gürtler, Christa: Gegen den schönen Schein. Texte zu Elfriede Jelinek, Frankfurt 2005, S. 17.
[14] Ebd., S.20.
[15] Ebd., S.29.

Die Worte der anderen, Trivialpartikel, Literatur und Theoriediskurse, zerlegt sie und montiert sie zu einem Textgewebe, das zersetzt, aber auch konstruiert".[16]

„Ihre Literatur sei Lesefolter, sei Pornographie, findet die Kritik, und ihr Leserpublikum neigt dazu, von der Bösartigkeit des Geschriebenen auf die Bösartigkeit der Schreiberin kurzzuschließen: Man verfällt oft dem Irrtum, die Autorin für unmenschlich, lieblos und zynisch zu halten, weil sie die Unmenschlichkeit und Lieblosigkeit so zynisch beschreiben kann".[17]

Dank diesem Phänomen ist aber die Autorin selbst sowie ihre Werke immer präsent. Ansonsten erfreuen sie sich einer gewissen Popularität, die man aber nicht nur dem Nobelpreis verdankt.

Mit der Zeit wird auch die Rezeption ihrer Werke im internationalen Ausmaß immer größer. Ihre Konstellation der Figuren ist doch sehr spezifisch, was aber nicht bedeutet, dass man ihrer Analyse keine Zeit widmen kann. Ganz im Gegenteil, nur genaue Analyse ermöglicht dem Leser ihre Werke zu verstehen und objektiv zu beurteilen.

Literatur ist ein bisschen so wie Mode. Das was gestern „in" war, kann schon heute „out" sein, obwohl wir es wollen oder nicht und Jelinek richtet sich wirklich nach der These, indem sie neue Werke schreibt.

Ein wichtiges Thema, mit dem sich Jelinek auch in ihren Texten konfrontiert ist Mutter-Tochter – Beziehung, die den Kern der vorliegenden Arbeit bildet.

1.3 „Klavierspielerin"- biographische Hintergründe

Von großer Bedeutung scheint die Tatsache zu sein, dass im Roman autobiographische Elemente von Jelinek auftreten. Sie hat ihn selbst als „eingeschränkte Biographie" bezeichnet.[18]

Die Figur des Walter Klemmer sollte die Persönlichkeit ihres Lektors widerspiegeln. „In die Figur der Erika brachte Elfriede Jelinek ihr Leben in einem Maße ein, wie sie es in keinem anderen Buch getan hat."[19]

Das nächste Bespiel dafür, dass man im Falle des Roman „Die Klavierspielerin" mit biographischen Hintergründen zu tun hat, ist das Studium vom Jelinek am Konservatorium der Stadt Wien. Auch sie selbst wie ihre Protagonistin im Roman Erika Kohut wollte

---

[16] Dagmar von Hoff, Professorin an der Johannes Gutenberg-Universität Mainz
[17] Sigrid Löffler, Literaturkritikerin, in Emma 10/1985
[18] Mayer, V., Koberg, R., Elfriede Jelinek: Ein Porträt, Reinbek bei Hamburg 2006, S.56.
[19] Ebd., S.56.

unabhängig von der Mutter leben. Ihr Vater hat an der Technischen Hochschule in Wien studiert, die im Roman Walter Klammer auch absolvierte. In „Die Klavierspielerin" schilderte auch Elfriede Jelinek den Weg ihres Vaters in das Sanatorium.[20] Die Berücksichtigung autobiographischer Züge beeinflusst die Rezeption des Romans von den Lesern. Es unterliegt keinem Zweifel, dass sie aufgrund solcher Informationen Jelinek mir Erika identifizieren. Sie sind auch sich dessen bewusst, dass sie mit den realen Situationen konfrontiert werden.

2. Das Frauenbild- feministische und psychologische Konzepte

Die Rolle und Position der Frau in der Gesellschaft war im Laufe der Zeit unterschiedlichen Wandlungen unterworfen und sie änderte sich mit der Zeit. Im 19. Jahrhundert galten die Männer fähiger als die Frauen und sie waren in vielen Bereichen tätig. Der Mann als der Kopf der Familie ging an die Arbeit, verdiente Geld und sorgte für die Familie. Was die Frau anbetrifft war sie für den Haushalt verantwortlich. Zu ihren Aufgaben gehörten Putzen, Kochen, Waschen und Kinderbetreuung. Den Frauen standen nicht dieselben Bildungsmöglichkeiten wie Männern offen und ihre Berufschancen waren deswegen begrenzt. Sie wurden als schwaches Geschlecht bezeichnet und angesehen. 1820 entstanden Mädchenpensionate und Schulen, deren Ziel es war die Frauen auf die Rolle der Mutter vorzubereiten.[21]

Universitätsbesuche waren für die Frauen nicht möglich. Wegen mangelnder Bildung begannen die Frauen in der Jahrhundertwende für eine Chancengleichheit zu kämpfen. Ihre Bemühungen , auch Frauen ein Studium zu gestatten, brachten leider keine Erfolge. Letztendlich gelang es einzelnen Frauen Ausnahmeregelungen durchzusetzen, indem sie als "Gasthörerinnen" an Universitätsvorlesungen teilnehmen durften. Einen Abschluss konnten sie jedoch zunächst nicht machen. Erst nach einiger Zeit wurde es auch Mädchen erlaubt, einen höheren Schulabschluss zu erwerben.

Was die Frauenbewegung angeht, entstand sie nicht aus Ideen sondern aus Erfahrungen. Die Revolte der 60er Jahre, dieser erste Versuch einer Kulturrevolution, hatte zum Ziel den Frauen ihre ökonomischen auch ihre kulturelle Ausbeutung bewusst zu machen, was nicht nur in ihrem öffentlichen sondern auch in ihrem privaten Leben widergespiegelt

---

[20] Mayer, V., Koberg, R., Dieser unentwegte Spaziergänger. Der Vater im Werk von Elfriede Jelinek.- In: Arnold, Heinz Ludwig (Hrsg.): Text + Kritik. Zeitschrift für Literatur.- München 2007, S. 62.
[21] Marchart, O., Cultural Studies, Stuttgart 2007, S. 134.

wurde. Gabriele Dietze spricht sogar von der „politische Revolte des Privaten, aus der eine fruchtbare Verknüpfung von Leben und Denken erwuchs." [22]

Die Frauenbewegung führte dazu, dass Frauen selbstbewusst in Welt traten, die von Männern beherrscht war. Sie wurden auch fähig die geschlechtsspezifischen Bedingungen der eigenen Situationen zu empfinden.

Es lässt sich feststellen, dass die neue Frauenbewegung das Bewusstsein der Frauen veränderte und dass sie die materiellen, politischen, sozialen und kulturellen Bedingungen beeinflusste, die eine literarische Tätigkeit von Frauen förderten. Sie war der kämpferische Einsatz zur Verteidigung des weiblichen Geschlechts, gegen seine Diskriminierung und Unterdrückung.

Ein Durchbruch in Frauenemanzipation wurde am Ende des 19. Jahrhunderts notiert, als die Suffragetten-Bewegung ihren Kampf um Frauenwahlrecht begonnen haben. Den Beitrag zu der neuen Frauenbewegung hat auch die Studentenbewegung geleistet, zu der es in den 60er Jahren des 20. Jahrhunderts gekommen ist. Diese Bewegung, die anfänglich den typisch sozialen Charakter hatte, hat sich dann diversifiziert, was unterschiedliche Zweige des Feminismus zur Folge hatte, und nämlich: den konservativen Feminismus, den radikalen Feminismus, den marxistischen Feminismus, den lesbischen Feminismus, oder auch den Öko-Feminismus. Diese Verschiedenheit hatte jedoch den gemeinsamen Nenner, das heißt, im Mittelpunkt dieser Bewegungen stand die Emanzipation der Frauen. Im Duden Wörterbuch wird der Begriff Feminismus folgendermaßen erklärt:" Richtung der Frauenbewegung, die, von den Bedürfnissen der Frau ausgehend, eine grundlegende Veränderung der gesellschaftlichen Normen (z.B. der traditionellen Rollenverteilung) und der patriarchalischen Kultur anstrebt". [23]

Beate Kricheldorf definiert den Feminismus auf folgende Art und Weise: „Der Feminismus ist männerfeindlich, aber nicht männerverachtend, denn Männer werden ungeheuer wichtig genommen, indem ihnen alle Macht und Verantwortung zugeschrieben wird. Sie sind Bösewichte im Sinne von Tyrannen, Herrscher und dergleichen. Die scheinbare Frauenfeindlichkeit des Feminismus ist in Wahrheit Frauenverachtung und – entmündigung. Wenn Frauen suggeriert wird, dass sie keinerlei Verantwortung haben, keine Entscheidungsfreiheit oder Einfluss auf ihr Schicksaal, sondern vollständig freibestimmt sind,

---

[22] Dietze, G., Die Überwindung der Sprachlosigkeit. Texte aus der neuen Frauenbewegung, Darmstadt 1997, S. 12.
[23] Duden, Deutsches Universalwörterbuch, Mannheim 1994, S. 531.

ist das schlichtweg frauenverachtend. Opferhaltung aus Berechnung und Einflößen von Schuldgefühlen ist ein uralter Trick." [24]

  C. Opitz schlägt raum- und zeitübergreifende Erklärung des Begriffes Feminismus vor, die folgendermaßen lautet: „Feminismus sei ein >> system of thought<<, eine Ideengebäude, das die Beziehungen zwischen den Männern und Frauen zu erklären sucht- und das von der Überzeugung getragen ist, dass das gesamte gesellschaftliche System von Beziehungen zwischen den Männern und Frauen konstituiert sei, die verändert werden müssten". [25] Diese ziemlich breite Definition von Schmidt wurde jedoch von K. Offen nicht akzeptiert, indem sie die Meinung vertrat, dass sie nicht als themen- und epochenübergreifend angesehen werden sollte. Die Erklärung des Begriffes Feminismus soll nach Offen präzise sein, denn nur auf diese Art und Weise kann sie als eine gute Waffe für den politischen Kampf der Feministinnen betrachtet werden. Sie finden Feminismus als „gesellschaftskritisches Ideengebäude". [26] Ihrer Meinung nach ist Feminismus Oberbegriff im Falle der sozialen Bewegungen, die durch feministische Ziele gekennzeichnet sind. Es handelt sich dabei um Bewegungen, die auf kritischer Analyse männlichen Privilegien und weiblicher Unterdrückung beruhen.

  Mit dem Phänomen des Feminismus befasste sich auch Nancy F. Cott. Auch sie betrachtet ihn als ein breiter Begriff und betont in ihrer Theorie zu diesem Thema seine Komplexität. Sie berücksichtigt dabei drei Komponenten, zu denen Kritik an Geschlechterhierarchien, die Überzeugung von der gesellschaftlich konstituierten und damit historisch wandelbarer Rolle der Frauen sowie geschlechtlich definierte Gruppenidentität zählen.

  Im Falle der dritten Komponente geht es um Feministinnen, die nach Cott Frauen sind, die sich nicht nur durch biologische Geschlechtszugehörigkeit also (sex) sondern vor allem als soziale Gruppe (gender) definieren lassen. [27]

  Da sich im Laufe der Zeit die Frauenbewegung spaltete, ist es nicht einfach eine eindeutige Definition des Feminismus zu finden.

  Von Bedeutung ist aber seine Erklärung, die Becker – Schmidt vorschlägt, und die folgendermaßen lautet: „Das Wort ‚feministisch' wurde im vorigen Jahrhundert geprägt, um die emanzipatorischen Impulse in politischen und wissenschaftlichen Strömungen zu

---

[24] Kricheldorf, B., Verantwortung - Nein danke!, Weibliche Opferhaltung als Strategie und Taktik , Frankfurt am Main 1989, S. 86.
[25] Opitz-Belakhal, C., Geschlechtergeschichte, Frankfurt/ New York 2010, S.124.
[26] Offen, K., Defining Feminism: A Comparative Historical Approach , Chicago1998, S. 12.
[27] Cott, N.,F., The Groundinig of Modern Feminism New Haven 1997, S. 4.

charakterisieren, die von Frauen gesetzt wurden. Bis heute ist „feministisch" ein Synonym für „kritisch" geblieben, kritisch insbesondere gegenüber universalisierenden oder einseitig männlichen Sichtweisen, sowie gegenüber wissenschaftlichen Positionen, die durch einen Mangel an Selbstreflexivität gekennzeichnet sind. Die Dekonstruktion wissenschaftlicher Mythen ist demzufolge ebenso Sache des Feminismus wie die Auseinandersetzung mit soziokulturellen und gesellschaftlichen Entwicklungen, die soziale Ungleichheit und Diskriminierung entlang der Trennlinie „Geschlecht", aber auch der von Klasse und Ethnie hervorbringen oder befestigen. „Feminismus" ist also keine Weltanschauung, sondern eine Option für Aufklärung, die über Geschlechterfragen hinausgehen kann."[28]

Natürlich hat Feminismus zum Ziel emanzipatorisches Anliegen also ungleiche geschlechtsspezifische Verhältnisse zu verändern, indem das Phänomen des Geschlechts entscheidende Rolle spielt. Dorer und Geiger vertreten die Meinung, dass er auch" eine Denkrichtung bezeichnen kann, die sich nicht darauf beschränken muss, die Frau oder das Geschlecht zur Gegenstandsbestimmung heranzuziehen."[29] Nach ihnen steht im Fokus des Feminismus die Diskriminierung der Frau in verschiedenen (gesellschaftlichen) Bereichen aufgrund ihrer Geschlechtszugehörigkeit.[30]

Man strebte vor allem nach der Gleichheit in solchen Bereichen, wie politische und zivile Rechte, im Bereich der Entlohnung, der beruflichen Möglichkeiten, sowie im Bereich der Veränderungen der Geschlechterrollen auf der Ebene der Gesellschaft, der Familie und der Partnerschaft.[31]

Die Frauen wollten auch in dem ökonomischen Sinne unabhängig sein. Aus diesem Grunde war für sie die Erscheinung der Emanzipation so wichtig. Die Emanzipation galt dem zufolge als Grundvoraussetzung der weiblichen Befreiung. Ein wesentlicher Aspekt war auch die sexuelle Freiheit der Frau. Mit der Entstehung der neuen Empfängnisverhütungsmittel, gewannen die Frauen die Kontrolle über ihren Körper. Im Endeffekt waren sie bereitwillig, die partnerschaftliche Beziehungen mit ihren Männern zu bilden. Die sexuelle und wirtschaftliche Unabhängigkeit haben verursacht, dass die Frauen selbstbewusst zu denken begannen. [32]

---

[28] Dorer, J., Geiger B., Feministische Kommunikations- und Medienwissenschaft: Ansätze, Befunde und Perspektiven der aktuellen Entwicklung, Opladen 2002, S. 9.
[29] Ebd., S. 9.
[30] Ebd., S. 9.
[31] Ebd., S. 15.
[32] Davis, N., Z., Frauen und Gesellschaft am Beginn der Neuzeit: Studien über Familie, Religion und die Wandlungsfähigkeit des sozialen Körpers, Berlin 2003, S. 89.

Man muss dabei bemerken, dass viele Frauen derartige Freiheiten bis heute nicht erkämpft haben. Die feministischen Konzeptionen haben nämlich den Widerstand hervorgerufen. Die Männer wollten die patriarchalische Ordnung nicht aufgeben. Daraus resultierten die Versuche der Frauen, sich selbst auf eine andere Art und Weise durchzusetzen. Nicht viele Menschen oder Organisationen wollten sich auf die Seite der Frauen stellen. Niemand wollte mit den weiblichen Problemen und Leidenschaften konfrontiert werden. Man hat eher versucht, den Emanzipationsprozess der Frauen zu hemmen, als ihn zu unterstützen. Das konnte keinen spektakulären Erfolg bringen. Wahrscheinlich aus diesem Grunde ist der Emanzipationsprozess der Frauen bis heute noch nicht völlig zustande gekommen.[33]

Die Geschichte der Frauen der achtziger Jahre hat ein neues Konzept entwickelt, nach dem man das Geschlecht männlich und weiblich als eigenständige Kategorien betrachtet. Wenn es um das Verhältnis der Geschlechter zueinander angeht, versteht man ihn als ein Phänomen, das sich mit anderen sozialen, wirtschaftlichen und politischen Faktoren in eine Wechselwirkung befindet.

Seit den 90er Jahren führt man an vielen Universitäten die Gender Studies, die sich auf Projekte beziehen, deren Grundlage feministische Ansätze bilden. Diese Ansätze haben zum Ziel, asymmetrische Geschlechterverhältnisse zu analysieren und zu kritisieren. Die Gender Studies berühren vielseitige Aspekte der Unterscheidung zwischen den beiden Geschlechtern. Dabei wird die Aufmerksamkeit darauf gelenkt, dass die Männlichkeit und Weiblichkeit sich gegenseitig spezifizieren, charakterisieren und determinieren. [34]

Gender bezieht sich also auf unterschiedliches Begreifen von Geschlecht unter Berücksichtigung verschiedener gesellschaftlicher Kontexte. Geschlecht wird nämlich als keine natürliche Kategorie betrachtet. Männer und Frauen werden als separate Gruppen von Menschen perzipiert, was aus unterschiedlichen gesellschaftlichen Vermutungen und Hoffnungen resultiert. Dieser Tatbestand wird durch die Erziehung, Medien, Rollenvorstellungen, sowie durch die Normen determiniert. Die Vorstellungen von den Männern und Frauen werden also auf der gesellschaftlichen Grundlage aufgebaut.

Die Gender Studies betreffen unterschiedliche Lebensbereiche, sie vollziehen sich in Kultur, Politik, Wissenschaft und auf vielen anderen Gebieten der menschlichen Existenz.

---

[33] Ebd., S.90.
[34] Jurgensen, M., Frauenliteratur. Autorinnen. Perspektiven. Konzepte, Basel 1982, S.23.

Man muss dabei bemerken, dass die Gender Ideologie auf eine unterschiedliche Art und Weise und mit unterschiedlichen Ausdrucksformen interpretiert wird. [35]

Erwähnenswert ist die Tatsache, dass die Diskussionen, die danach streben, eine einheitliche und eindeutige Strategie des Kampfes um Frauenrechte innerhalb der Entwicklungspolitik auszuarbeiten, in den 70er Jahren des 20. Jahrhunderts begannen. Bald kam es zu den Auseinandersetzungen zwischen den Vertreterinnen der Auffassung „Gender und Entwicklung" und den Anhängerinnen der Strategie, die auf die Frauen als getrennte Zielgruppe der Entwicklungshandlungen orientiert ist, das heißt der Auffassung „Frauen in Entwicklung". Gender Mainstreaming wurde dann zum Schlüsselinstrument, dessen Wesen war, die Perspektive der Frauenrechte in allen Programmen und Strategien zu berücksichtigen, die im Rahmen der Entwicklungszusammenarbeit verwirklicht werden. Den Befürworterinnen der Frauenrechte ist es gelungen die Aufmerksamkeit darauf zu lenken, dass zwischen den beiden Geschlechtern viele Ungleichheiten gibt, die mit der Zeit gleichberechtigt werden sollen. [36]

Die Gender Studies sind also streng verbunden mit der Frauenforschung, obwohl sich die beiden Aspekte auch voneinander in bestimmten Gegebenheiten unterscheiden. Beide richten sich jedoch danach, den Sachverhalt hervorzuheben, nach dem beide Geschlechter einerseits im natürlichen Sinne gesellschaftliche Differenzen widerspiegeln, andererseits jedoch, in bestimmten Sphären Gleichberechtigung brauchen.

2.1 Mutter

Es unterliegt keinem Zweifel, dass die Rolle der Mutter im Leben jedes Kindes eine relevante Rolle spielt. Es handelt sich dabei nicht nur um die Verbindung sondern auch um Trennung mit ihm. Ihre Aufgabe besteht darin das Kind zur Welt zu bringen, das sie neun Monate lang unter ihrem Herzen trägt und es so großzuziehen, damit es alleine in der Gesellschaft als Erwachsene funktionieren konnte. Diese Entbindung ist für die Mutter nicht einfach. Der Raum, den die Mutter für ihr Kind macht, muss entsprechend breit sein, denn sie ist für es am nächsten. Andererseits muss er aber auch seine Grenzen haben, sonst ist man nicht imstande das Kind loszulassen.

Was den Prozess der Erziehung anbetrifft, ist er einigermaßen von der Ordnung der Generationen und den gesellschaftlichen Konstruktionen sowie vom sozialen und kulturellen

---

[35] Ebd, S. 25.
[36] Ebd. S. 30.

Umfeld bedingt. Lacher beschreibt Mütterlichkeit als „Eigenschaften, Verhalten sowie Erwartungen an eine bzw. einer Mutter innerhalb des metaphorischen Rahmens einer Mutter-Kind-Beziehung".[37] Mutterschaft wird auch oft als etwas Instinkthaftes bezeichnet. Badinter beschreibt Mutterliebe als menschliches Gefühl, dass in unterschiedlicher Weise ausgedrückt werden kann. Sie weist dabei auch auf jene Formen von Mutterschaft hin „die man heute verdrängt, vermutlich, weil sie uns Angst machen".[38]

Es ist nicht einfach die Frage zu beantworten, wie ‚perfekte Mutter" aussieht. Es ist klar, dass jede Mutter das ein bisschen anders interpretiert. Psychologin A. Fass stellt fest, dass keine Mutter imstande ist, ihrem Kind alles zu bieten, weil es einfach nicht geht und auch nicht gar nicht nötig ist.[39] Es soll dabei nicht vergessen werden, dass das, was „für ein anderes Kind ganz toll ist, muss nicht unbedingt ideal für das eigene sein. Eine gute Mutter ist keine, die sich für Kinder und Familie aufopfert. Sondern eine, die im Einklang mit den eigenen Bedürfnissen und denen des Kindes lebt"[40], sagt Faas.

Eine Mutter soll im Alltag solche Balance finden, denn sie macht sie glücklicher. Ansonsten ist sie auch gut für die Kinder. „Mutter sein bedeutet, zugewandt sein, sich in die Seele eines Kindes einfühlen, es behüten – und im rechten Moment in der Lage sein, sich zu lösen und das Kind auch seine eigenen Wege gehen zu lassen".[41]

Sie soll auch ein Vorbild für das Kind zu sein. Nicht jede Mutter ist sich dessen bewusst, dass sie einen größeren Einfluss auf das soziale Leben und den Schulerfolg des Kindes als der Vater hat. Aber auch in dieser Hinsicht sollte man vorsichtig sein, weil das nicht dazu führen soll, dass man dem Perfektionswahn verfällt.

Wie es aus den präsentierten Überlegungen zu entnehmen ist, sind die Ansprüche sehr hoch. Die Mutter soll Wärme und Geborgenheit verschaffen und das Kind so akzeptieren, wie es ist. Außerdem soll sie es ermutigen, den eigenen Weg zu gehen, wenn die richtige Zeit kommt. Wann immer sie gebraucht wird, soll sie ihr Kind unter die Arme greifen, es schützen und ihm helfen.[42]

Es gibt keine Aufgabe im Leben, die so wichtig ist wie die einer Mutter. Obwohl es keine vollkommene Art gibt, eine gute Mutter zu sein, weil jede Lebenssituation anders ist, sollte man für das Kind da sein, weil man nie weiß, wann das Kind die Hilfe der Mutter brauchen

---

[37] Larcher, S., Mütterlichkeit. – In: Benner, D., Oelkers, J.,(Hrsg.): Historisches Wörterbuch der Pädagogik. – Weinheim und Basel 2004, S.700.
[38] Badinter, E., Die Mutterliebe. Geschichte eines Gefühls vom 17. Jahrhundert bis heute.- München 1984, S.10.
[39] http://www.familie.de/eltern/gute-mutter-sein-was-bedeutet-das-537325.html, 16.09.2016.
[40] Ebd.
[41] Ebd.
[42] https://www.lds.org/prophets-and-apostles/unto-all-the-world/the-eternal-role-of-mothers?lang=deu, 16.09.2016.

wird. Auch hier muss man wach sein. Es soll auch betont werden, dass jede Mutter andere Schwierigkeiten, andere Fähigkeiten und Fertigkeiten und andere Kinder hat. Es gibt Mütter, die den ganzen Tag zu Hause sind und die Kinder betreuen, andere sind zeitweise zu Hause und gehen sie arbeiten und man kann nicht sagen, dass die ersten bessere Mütter als die zweiten sind. Am wichtigsten ist es, dass die Mutter ihre Kinder innig liebt, und dass sie ihr wichtiger als alles andere sind. Auch die Mutter muss bereit sein Kompromisse zu schließen und Gleichgewicht finden, in wie weit sie sich in das Leben ihrer Tochter einmischen kann. Früher oder später findet die Abnabelung statt, die von der Mutter akzeptiert werden sollte. Sonst kann das zu Konflikten führen.

Es kann jedoch auch nicht passieren, dass die Mutter dann ihre Tochter im Stich lässt und dass sie ihr keine Zuwendung mehr schenkt. Mutter ist man doch das ganze Leben. „Schau dir die Mutter an und du begreifst die Tochter"- sagt das japanisches Sprichwort.

2.2. Tochter

Es unterliegt keinem Zweifel, dass die Beziehung zwischen Mutter und Tochter etwas ganz Besonderes ist. In der Psychologie wird sie „als die komplexeste zwischenmenschliche Bindung überhaupt bezeichnet, die sich im Laufe des Lebens in einem großen Spannungsfeld zwischen Liebe, Fürsorge, Anerkennung, Stolz, Neid, Abhängigkeit und Eifersucht bewegt".[43]

In der frühen Kindheit ist für jede Tochter die Mutter das große Ideal. Jedes Mädchen identifiziert sich in dieser Zeit grenzenlos mit der Mutter. Man versucht die Mutter nachzuahmen und man will so wie Mama werden. Die Mutter gilt für viele als ein Vorbild. Man macht alles mit Mama und wie Mama. Diese Bindung der Tochter mit der Mutter ist sehr stark.

Im Laufe der Zeit ändert sich dieses Verhältnis sowie die Einstellung der Tochter. Besonders sichtbar ist das in der Zeit der Pubertät, in der es nach der eigenen Identität gesucht wird.[44] Es kommt dazu, dass die Tochter ihre Mutter ablehnt und dass sie sie peinlich findet. Sie will sich plötzlich abgrenzen. Es wird plötzlich die Unabhängigkeit von der Mutter streng so erwünscht. Man stellt vor sich selbst verschiedene Ziele, um sie später in der Zukunft zu erreichen. Mit dieser Einstellung ist auch die Verantwortung verbunden. Man will völlig für seine Wahlen und Handlungen verantwortlich sein. Im Endeffekt kommt es oft zu den Konflikten zwischen Tochter und Mutter. Diese Phase geht jedoch auch zu Ende.

---

[43] Mack, K., Töchter & Mütter: Konflikte und Perspektiven, Holzgerlingen 2012, S.90.
[44] Ebd., S. 91.

Spätestens Ende 20 baut die Tochter eine gute Beziehung zu der Mutter. Sie ist aber anders als in der Kindheit, weil sie durch bestimmte Rollenmuster der Pubertät gekennzeichnet ist. [45]

Es gibt auch Situationen, in denen man als das Kind von der Mutter nicht bekommen hat, was es brauchte. Dann bleibt immer eine gewisse Lücke, die mit der Anklage an die Mutter verbunden ist. In solchen Situationen haben die Konflikte zwischen Tochter und Mutter ihren Ursprung schon in der frühsten Kindheit.

Es ist klar, dass jede Tochter das Gefühl braucht, dass die Mutter immer da ist, dass die Tochter selbst kommen und gehen kann. Die Mutter ist für die Tochter als eine feste Konstante im Leben, die Sicherheit und Wärme gibt.

3. Mutter und Tochter zwischen Macht und Symbiose

Im Falle des Romans „Die Klavierspielerin" wird es wirklich sehr deutlich gezeigt, dass die Rolle der Mutter und ihr Einfluss auf die Tochter zur Zerstörung des Mythos von der Mutterliebe führt. Die Bindung mit der Mutter ist bei Erika Kohut so stark, dass sie auch während der Kontakte mit den Männern zurück zu ihrer Mutter will. Dieser Gedanke verfolgt Erika auf Schritt und Tritt. „Erika wünschte jedes dieser Male nur, so rasch wie möglich zu ihrer Mutter zurückzugelangen". [46]

Nur bei ihrer Mutter fühlt sie sich sicher und geborgen. Was aber die Mutter betrifft, sorgt sie wiederum dafür, dass Erika musikalisch talentiert ist und dafür aber unattraktiv bleibt. „Erika sieht auf ihrem Schulweg beinahe zwanghaft überall das Absterben von Menschen und Esswaren, sie sieht nur selten, dass etwas wächst und gedeiht".[47]

Das alles hatte bestimmt einen negativen Einfluss auf Erika, da sie mit eigenen Augen sieht, wie ihre Umwelt untergeht. Ansonsten hat sie auch keine schönen Erinnerungen sowohl an ihre Kindheit als auch an ihre Jugend. Sie sagt, „daß sie ihre eigene Jugend um keinen Preis noch einmal erleben möchte. Sie ist froh, daß sie schon so alt ist, die Jugend hat sie rechtzeitig durch Erfahrung ersetzen können".[48]

Das folgende Kapitel hat das Ziel die im Roman dargestellte Mutter-Tochter Beziehung zu analysieren.

---

[45] Harwas-Napierała, B., Trempała, J., Psychologia rozwoju człowieka, Warszawa 2009, S. 184.
[46] Jelinek, E., Die Klavierspielerin, Berlin 2015, S. 78.
[47] Ebd., S.94.
[48] Ebd. S.170.

3.1. Erziehung zu Hause

Erika kam zur Welt, weil ihre Mutter Sehnsucht vor vielen Jahren hatte. „Bei ihr vor vielen Jahren, ebenfalls in diesem Bett, Begierde zur hl. Mutterschaft geführt, und die Begierde wurde beendet, sobald dieses Ziel erreicht war. Ein einziger Erguss tötete Begierde und schuf Raum für die Tochter; …"[49]

Erika Kohut ist Klavierlehrerin. Sie ist 36 Jahre alt, lebt mit ihrer Mutter, die ihr Leben bestimmt. Seitdem ihr Vater in eine psychiatrische Klinik untergebracht wurde, teilt Erika sogar das Ehebett mit der Mutter. Erika war kein traumhaftes Kind. Als ihre Mutter schwanger war, plante sie schon die Zukunft für ihr Kind. Sie wollte, dass Erika die bekannteste Klavierspielerin wird. Sie kann einfach kein eigenständiges Leben führen. Ihr Leben bestimmt Arbeit im Konservatorium und mütterliche Wohnung.

Erika lebt immer mit ihrer Mutter, die die Tochter nur für sich haben will, die alte Frau Kohut will sie niemandem geben. Erika hat auch keine Gefühle. Verantwortlich dafür sind natürlich ihre Eltern, die ihr in der Kindheit keine Gefühle geschenkt haben. Erika kam zur Welt, weil ihre Mutter Sehnsucht vor vielen Jahren hatte. „Bei ihr vor vielen Jahren, ebenfalls in diesem Bett, Begierde zur hl. Mutterschaft geführt, und die Begierde wurde beendet, sobald dieses Ziel erreicht war. Ein einziger Erguss tötete Begierde und schuf Raum für die Tochter; …"[50]

Erika Kohut lebt in der Welt, die ihr die Mutter und die Arbeit bestimmt. Was die Mutter-Tochter-Beziehung betrifft, kann man sehr deutlich merken, dass sie sehr stark ist. Die Mutter und ihre Erziehungsmethode beinflusst Erikas Leben schon seit der Kindheit. „Du Luder, du Luder, brüllt Erika wütend die ihr übergeordnete Instanz an und verkrallt sich in ihrer Mutter dunkelblond gefärbten Haaren, die an den Wurzeln grau nachstossen. …Die Tochter kehrt zurück und weint bereits vor Aufregung. Sie beschimpft die Mutter als gemeine Kanaille, wobei sie hofft, dass die Mutter sich gleich mit ihr versöhnen wird." [51]

Je mehr sie sich von der Welt verschließt, desto mehr will sie jedoch wissen, „was in anderen leben vor sich geht".[52] „Was Erika durch heimliches Beobachten weiß, und was Erika in Wirklichkeit ist, ein genie, das weiß keiner besser als ihre Mama, die das Kind von innen und von außen kennt. Wer suchet, der findet Anstößiges, auf das er insgeheim hofft".[53] Im Falle von Erika hat man mit einer ziemlich komplizierten Persönlichkeit zu tun, denn sie

---

[49] Ebd., S. 26.
[50] Ebd., S. 26.
[51] Ebd., S. 27.
[52] Ebd., S. 101.
[53] Ebd., S. 102.

sehnt sich ebenso nach der Unterordnung wie nach der echten Liebe. Sie kann nicht auf ihre Bedürfnisse hören, weil sie sich dem Mann unterordnet. Dabei erhofft sie sich, dass der Mann sie umwirbt und mit Leidenschaft überschüttet. „Mit dem bekannten Ehrgeiz ihres Geschlechts hofft sie noch im Traum auf guten Ausgang und endlichen Genuss. Sie erträumt sich, dass der Mann sie im Sturm erobern möge".[54]

Die Hauptfigur wurde streng erzogen. Das ist die gezielte Erziehung, die zur Entfremdung und Isolation führen soll, damit die Wünsche der Mutter hinsichtlich der Karriere der Tochter erfüllt werden. Obwohl ist schon über dreißig Jahre alt ist, darf sie keine auffällige Kleidung tragen, weil es ihr einfach ihre Mutter verbietet. Sie darf auch nicht zu spät nach Hause kommen und was den Kontakt mit den Männern angeht, kommt so etwas in ihrem Fall gar nicht in Frage. [55] Sie darf sich nicht, wie alle anderen Mädchen hübsch machen oder sich neue, moderne Kleider kaufen. „Die Pubertärin lebt in einem Reservat der Dauerschonzeit. Sie wird vor Einflüssen bewahrt und Versuchungen nicht ausgesetzt". [56]

Sie kleidet sich sogar so, wie es sich die Mama wünscht, also dezent und altmodisch. Manchmal kauft sie sich doch heimlich neue Kleider, die sie dann noch nie trägt, sondern nur im Schrank bewundert. „Diese Kleider sind der Mutter Indizien für Egoismus und Eigensinn".[57] Erikas große Lust ist Schauen. Sie besucht sogar Porno-Kinos und beobachtet Liebespaare. „Erika hat keine Empfindung und keine Gelegenheit sich zu liebkosen. Die Mutter schläft im Nebenbett und achtet auf Erikas Hände.... Auch wenn Erika schneidet oder wenn sie sich sticht, spürt sie kaum etwas".[58] „Erika kann nichts dafür. Sie muss und muss Schauen. Sie ist für sich selbst tabu. Anfassen gibt es nicht".[59]

Erikas Leben wird von Geboten und Vorschriften bestimmt. Das macht sie unfähig sich zu öffnen und Gefühle zu zeigen oder sich für andere zu interessieren. Erika wird von der Mutter als Besitz betrachtet, überwacht und bevormundet. Am Anfang reagiert sie mit Anpassung und Unterwerfung. Im Laufe der Zeit gibt sie diese Demütigungen an ihre Klavierschüler weiter: „Im Unterricht bricht sie einen freien Willen nach dem anderen" [60] und schätzt ihre Schüler ein: „Mehr ist nicht nötig, gleich wird er weinen".[61]

Sie ist unfähig ihre Individualität zu entdecken und sowie sexuelle Identität zu

---

[54] Ebd., S. 265.
[9] Fischer, M., Trivialmythen in Elfriede Jelineks Romanen „Die Liebhaberinnen" und „Die Klavierspielerin", St. Ingbert 1991, S. 115.
[56] Ebd., S.37.
[57] Jelinek, E., Die Klavierspielerin, Berlin 2015, S.154.
[58] Ebd., S. 56.
[59] Ebd., S. 58.
[60] Ebd. S. 105
[61] Ebd. S.112.

entwickeln. Erika ist nicht imstande ihren Körper und ihre Gefühle zu kontrollieren. Sexualität ist bei Erika zu Hause ein Tabuthema. Sie hat es nie gelernt oder besser gesagt sie durfte nie eigene Wünsche haben, oder sie äußern.

Ansonsten hat sie auch keine schönen Erinnerungen sowohl an ihre Kindheit als auch an ihre Jugend. Sie sagt, „daß sie ihre eigene Jugend um keinen Preis noch einmal erleben möchte. Sie ist froh, daß sie schon so alt ist, die Jugend hat sie rechtzeitig durch Erfahrung ersetzen können".[62]

3.2. Erikas Außenwelt

Kontakte hat sie kaum. Erika interessiert sich für Musik und erhofft sich durch die Musik eine Erhöhung des körperlichen, tierischen Menschen zur Göttlichkeit. [63]„Was nötig wäre, ist eine Musik, bei der man das Leiden vergisst. Das animalische Leben! soll sich vergöttlicht füllen".[64]

Während der Unterrichtsstunden im Konsevatorium macht sie lange Ausführungen über das Leben und Leiden der Komponisten sowie über Interpretation und Bedeutung ihres Werkes. Sie tut das um die Schüler zu erniedrigen. Sie assoziiert Musik mit Leiden. Ab und zu spielt sie auch vor dem Publikum, jedoch öfter redet sie und urteilt sie über Musiker und Musik selbst. „Erika spürt das Prickeln zwischen ihren Beinen, das nur der von Kunst und für Kunst Ausgewählte fühlt, wenn er über Kunst spricht ....".[65]

Von Bedeutung ist auch die Tatsache, dass Erika in Beziehungen zu Erwachsenen oder in Liebesbeziehungen, die Schwächere ist. Sie wird von Männern oft als Sexobjekt missbraucht und ihre eigene Mutter betrachtet sie sogar als formbaren Lehmklumpen.

Erika erinnert sich an ihre Bekanntschaften mit Männern, die immer nach dem gleichen Muster verliefen: Zuerst wurde sie bewundert. Dann kam es zu sexuellen Kontakten.

Danach wurde sie einfach vernachlässigt und bald verlassen. Wenn es um Sex geht, hat sie es nie als Erfüllung erlebt: „Erika spürt nichts und hat nie etwas gespürt. Sie ist empfindungslos

---

[62] Ebd., S.170.

[63] Bartsch, K.., Höfler, G., Elfriede Jelinek, Graz1991, S. 71.
[64] Jelinek, E., Die Klavierspielerin, Berlin 2015, S.116.
[65] Ebd., S. 104.

wie ein Stück Dachpappe im Regen". [66] Sie hat einfach ihre eigene Lust vorgetäuscht, „damit der Mann endlich wieder aufhört".[67]

Es soll auch betont werden, dass Erika eine sehr starke Aggression gegen sich selbst entwickelt und dass sie sich mit Rasierklingen Schnittwunden zufügt und sogar auch im Genitalbereich. Sie ist einfach nicht imstande die Gewalt zu kontrollieren. Für Erikas Charakter ist auch das Bedürfnis nach Schmerz und Masochismus typisch: „Sie möchte von äußerlich anzuwendenden Hilfsmitteln Verantwortlichkeiten abgenommen kriegen".[68]

„Die Lehrerin blickt durch ihn hindurch, sieht aber jenseits von ihm nur Mauer, an der die Totenmaske Schumanns hängt. einen flüchtigen Moment lang hat sie das Bedürfnis, den Kopf des Schülers bei den Haaren zu packen und ins Leibesinnere des Flügels zu schmettern, bis das blutige Gedärm der Saiten kreischend unter dem Deckel hervorspritzt.
Der Bösendorfer wird dann keinen Ton mehr sagen. Dieser Wunsch huscht leichtfüßig durch die Lehrerin hindurch und verflüchtigt sich folgenlos"[69]. Freiheit bedeutet für sie „das Ergebnis totaler Beherrschung, „Höhepunkt denkbaren Gehorsamkeiten".[70]

Sie versucht verzweifelt, sich von ihrer Mutter abzugrenzen, um sich zu befreien und deswegen greift sie nach Sadomasochismus. Sie kann sehr gut die Menschen manipulieren, was am Bespiel von Walter Klemmer gezeigt wird. Sie schreibt an ihn einen Brief, dessen Inhalt ihn wieder in eine unterlegende Position bringt. Er findet Erikas Sehnsüchte als Perversion, indem er sie verachtet. Ihre Abenteuer enden aber so, dass sie von Männern nur ausgenutzt wird und was ihre Aggression betrifft, wendet sie gegen sich selbst. So hat man hier mit einer gewissen Verwicklung zu tun. „IHRE unschuldigen Wünsche wandeln sich im Lauf der Jahre in eine zerstörerische Gier um, in Vernichtungswillen. Was andere haben, will sie zwanghaft auch. Was sie nicht haben kann, will sie zerstören. Sie beginnt Dinge zu stehlen". [71]

Erika möchte alles „zerstören", was sie nicht selber besitzen kann. Sie verachtet sogar ihren eigenen Körper. So kommentiert das Yasmin Hoffmann: „Erika Kohut ist soeben an ihren eigenen Ansprüchen tragisch gescheitert und hat beschlossen, sich an ihrem Liebhaber,

---

[66] Ebd., S. 79.
[67] Ebd., S.80.
[68] Ebd., S. 218.
[69] Ebd. S. 108.
[70] Ebd., S. 108.
[71] Ebd., S. 86.

der den von ihr aufgestellten sadomasochistischen Vertrag als Einladung zur Vergewaltigung interpretiert, zu rächen."[72]

Ersatzbefriedigung ist für Erika das Kaufen von Kleidern. „Das Kaufen kann die Mutter nicht immer verhindern, doch über das Tragen der Kleider ist sie unumschränkte Herrscherin. Die Mutter bestimmt darüber, wie Erika aus dem Haus geht [...] Auch Erika selber ist zu dem Entschluß gekommen, ihre Kleider nie anzuziehen [...] Erika nimmt, immer noch aufschnupfend, das arme Kleid in ihre Arme und hängt es unerfreut und stumm zu den anderen Kleidern, Hosenanzügen, Röcken, Mänteln, Kostümen in den Schrank. Sie zieht sie alle nie an. Sie sollen nur hier auf sie warten".[73] Sie kauft sich die Kleider, obwohl sie weiß, dass sie sie nie tragen wird. Darüber kann nur ihre Mutter entscheiden.

Erika will allen anderen Menschen wehtun. Sie ist in dieser Hinsicht sogar gewalttätig. Sie kennt einfach keine Grenzen in diesem Fall, weil sie so sehr von Hass und Neid besessen ist. Sie kann sich in der Wirklichkeit nicht abfinden, denn ihre Neigungen scheinen stärker als sie selbst zu sein. So wird sie, was ihr Verhalten betrifft, sehr oft zum Tier. Durch diese Verwirrung ist sie dabei auch nicht imstande die positiven und negativen Eindrücke und Emotionen voneinander zu unterscheiden.

Die Bindung mit der Mutter ist bei ihr so stark, dass sie auch während der Kontakte mit den Männern zurück zu ihrer Mutter will. Dieser Gedanke verfolgt Erika auf Schritt und Tritt. „Erika wünschte jedes dieser Male nur, so rasch wie möglich zu ihrer Mutter zurückzugelangen".[74] Nur bei ihrer Mutter fühlt sie sich sicher und geborgen.

3.3. Dominanz der Mutter

Erikas Mutter ist auch ziemlich interessante Person im diesem Roman. Diese Frau ist sehr verbittert und hat niemanden gern. Sie hat im Roman keinen Namen und ist nur benannt als Erikas Mutter oder Mutter Kohut.

Der Nachname Kohut ist jedoch nicht zufällig und hatte relevante Bedeutung im Roman. Kohut und genau Kohout aus dem Tschechischen bedeutet Hahn, der als Symbol für Kampfbereitschaft und Kampflust fungiert. Diese Eigenschaften spiegelt sich deutlich in

---

[72] Janke, P., [Hrsg.]; Clar, P., Elfriede Jelinek: „Ich will kein Theater". Mediale Überschreitungen, Wien 2007, S. 204.
[73] Jelinek, E., Die Klavierspielerin, Berlin 2015, S. 12.

[74] Ebd., S. 78.

Persönlichkeit der Mutter von Erika wider.   Sie ist herrschsüchtig, geizig und männerfeindlich.

Mutter Kohut hat sich alles präzise geplant. Auch der Name der Tochter ist nicht zufällig. „Erika, die Heideblume. Von dieser Blume hat diese Frau den Namen. Ihrer Mutter schwebte vorgeburtlich etwas Scheues und Zartes dabei vor Augen. Als sie dann den aus ihrem Leib hervorschießenden Lehmklumpen betrachtete, ging sie sofort daran, ohne Rücksicht ihn zurecht zu hauen, um Reinheit und Feinheit zu erhalten" [75]

In ihrer Tochter Erika sieht sie nur ein Mittel des gesellschaftlichen Aufstiegs. Sie hat das persönliche Ziel ihr Kind zu Reinheit und Feinheit zu erziehen. Sie betrachtet Erika als formlose Materie. Sie lebt für ihre und von ihrer Tochter und will von deren Erfolgen profitieren. Sie denkt an die mögliche Karriere, einen sozialen Aufstieg, ihrer Tochter als Pianistin. Natürlich will sie auch an Ruhm und finanzielle Vorteile der Tochter teilhaben. Deswegen stellt sie strikte Regeln auf. Sie macht alles um alles Menschliche ihrer Tochter abzutöten, was die Musikkarriere von Erika fördern kann. Erikas Körper „ist ein einziger großer Kühlschrank, in dem sich die Kunst gut hält". [76]

Damit Erika erfolgreich ist, wird sie streng von ihr überwacht. Die Mutter hat schon alles geplant und es soll so laufen, wie sie es sich vorgestellt hat. Alle Abwege vom Ziel Erikas Karriere als weltbekannte Pianistin sind verboten. Die Mutter betrachtet Erika als Werkzeug, dank dem ihre kleinbürgerliche Hoffnungen verwirklicht werden können. Sie entscheidet sich für eine autoritäre Erziehungsform, versucht zwar den Vater zu ersetzen, aber sie ist keine Ansprechperson für Erika. Ihr Gier nach Erfolg ist am wichtigsten. Erika muss, ihrer Meinung nach, anders sein und sich von der Masse der Menschen unterscheiden. „Mit den Mächtigen wünscht sie es zu halten, um von ihnen emporgezogen zu werden". [77]

Sie kontrolliert auf Schritt und Tritt ihre Tochter. „Die Tür von Erikas Zimmer hat kein Schloss, und kein Kind hat Geheimnisse."[78]

Auch in der neuen Wohnung wird sie mit der Mutter im gemeinsamen Bett schlafen. „Doch von einem Tochterbett kann nicht die Rede sein. Ein bequemer Fauteuil wird das Äußerste an Zugeständnissen sein".[79] Ansonsten ist sie misstrauisch und wittert überall Konkurrenz für ihre Tochter. Außer ihrer Grausamkeit und Gefühllosigkeit sorgt sie aber für körperliches Wohl ihrer Erika: „Wenn Erika nächtlich noch einen Wunsch hat, wird er erfüllt,

---

[75] Ebd., S.27.

[76] Ebd., S.25.
[77] Ebd. S.87.
[78] Ebd., S.29.
[79] Ebd., S.157.

soweit es von außen her möglich ist. Die Innenwünsche soll Erika bei sich behalten, hat sie es nicht warm und gut daheim?"[80]

Mutter Kohut ist einfach unfähig die Gefühle der Tochter wahrzunehmen. Sie kann aber auch ihre eigenen nicht zeigen. Dasselbe bezieht sich auf ihre Empfindungen. Erikas Mutter beutet ihre Tochter aber nicht nur emotional aus.

Auf Wunsch der Mutter muss jeder Groschen für den Kauf einer Eigentumswohnung erspart werden und die Mutter arbeitet doch nicht. Sie will das alles dank dem Erikas Geld erreichen. Geiz der Mutter Kohut betrifft jedoch nicht nur finanzielle Seite des Lebens. „Wir nehmen keinen Gefallen an und erweisen selbst auch keinen".[81]

Ihre Tochter darf einfach nichts machen, was ihr Spaß macht. Mutter Kohut kann nur durch Komplimente und dem Glauben an Einzigartigkeit der Tochter Erika an sich binden. Mehr kann sie einfach nicht. „Die Mutter sagt, Erika ist die Beste. Das ist das Lasso, mit dem sie die Tochter fängt".[82] Ansonsten ist sie sehr egoistisch. Die meiste Zeit verbringt Erikas Mutter zu Hause. Indem sie auf ihre Tochter wartet, sieht sie fern. „Nach Beendigung des Film im Fernsehen gibt es niemand mehr, mit dem sie sich unterhalten kann."[83]

Wenn sich Erika mit Walter trifft, spürt die Mutter Eifersucht und sie sieht in Walter eine gewisse Konkurrenz, weil sie Erika nur für sich haben will und sie hat keine Absicht ihre Tochter mit einem anderen zu teilen. Sie ist aggressiv gegenüber den Menschen, egal ob sie sie kennt oder nicht. „Hass und Verachten der Menschen beziehen sich auch auf Erika. Wenn sie sich mit ihren Kollegen trifft, wird sie sofort von der Mutter kontrolliert. Sie ruft einfach Erikas Freude an. Erika wehrt sich gegen die Herrschaft der Mutter sehr vorsichtig, weil ihr die Liebe der Eltern sehr wichtig ist".[84]

Für sie ist Walter Klemmer „ein junger Mann, doch sein Schrot und Korn sind alt".[85] Wenn er Erika die Hand reichen will „sticht Erikas Mutter zwischen die beiden hinein und untersagt den Händedruck nachdrücklich. Es soll kein Zeichen der Freundschaft und Verbundenheit geben, weil das die Sehnen verbiegen könnte, und dann wäre das Spiel beeinträchtigt".[86]

Frau Kohut denkt nur an Erfolg und vergisst, dass ihre Tochter Bedürfnisse hat. Da sie sie nicht befriedigen kann, verletzt sie sich selbst.

---

[80] Ebd., S.156.
[81] Ebd., S.76.
[82] Ebd., S. 224.
[83] Ebd., S. 154.
[84] Ebd., S.155.
[85] Ebd., S. 73.
[86] Ebd. S. 71.

Wie es schon früher erwähnt wurde, entscheidet die Mutter von Erika auch dafür, was für die Kleidung ihre Tochter tragen darf. „So gehst du mir nicht aus dem Haus, bestimmt die Mutter, welche befürchtet, dass Erika fremde Häuser mit fremden Männern darin betritt".[87]

Frau Kohut greift sogar in Intimsphäre ihrer Tochter ein, indem sie ihre Kleider wegnimmt und verkauft. Die Mutter zeigt auf diese Art und Weise ihre Macht über ihre Tochter sowie ihre Abhängigkeit. Sie umsorgt Erika wie ein Kleinkind. „Die Mutter legt ihr auf der Stelle ein selbstgehäkeltes hellblaues Angorajäckchen um die Schultern, damit in diesen Gelenkkugeln die Schmierflüssigkeit nicht jäh erstarrt und der Reibungswiderstand sich erhöht. Das Jäckchen ist wie ein Teewärmer auf einer Kanne".[88]

Wichtig zu erwähnen ist auch die psychische Gewalt die Mutter Kohut auf ihre Tochter Erika ausübt. Es handelt sich dabei nicht nur um die von ihr erträumte Karriere. Diese Gewalt ist in der Mutter- Tochter- Beziehung immer anwesend. „Die Mutter streift jetzt in erhöhtem Tempo unter dolchigen Uhrblicken wie ein Wolf durch die Wohnung. Sie nimmt im Zimmer der Tochter Aufenthalt, wo es weder eigenes Bett noch eigenen Schlüssel gibt. Sie öffnet den Kasten und wirft sinnlos angekaufte Kleider schlecht gelaunt durch die Luft".[89] Dazu kommen noch Schläge und Tritte.

Es lässt sich sagen, dass sie sich wie ein wildes Tier benimmt. Unterwerfen der Tochter ist ihr von großer Bedeutung und sie sorgt dafür. Auch sich loszulassen kommt bei ihr nicht in Frage. Diese Abhängigkeit trägt jedoch dazu bei, dass es bei Erika zu einem Konflikt mit sich selbst kommt. Erika ist Opfer des Terrors ihrer Mutter.

3.4. Erika und Walter Klemmer

Was ihre Beziehung zu Klemmer betrifft, wächst sie über sich hinaus, indem sie versucht Verbote der Mutter zu ignorieren sowie ihre eigenen lästigen Grenzen zu überwinden. "Verspotte mich und nenne mich blöde Sklavin und schlimmeres, erbittet sich Erika des weiteren schriftlich. Beschreibe bitte immer lauthals, was du gerade unternimmst, und beschreibe Steigerungsmöglichkeiten, ohne dich jedoch in deiner Grausamkeit tatsächlich zu steigern. Sprich darüber, doch deute Handlungen nur an. Drohe mir, aber ufere nicht aus".[90]

---

[87] Ebd., S. 13.
[88] Ebd., S.72.
[89] Ebd., S. 153.
[90] Ebd., S.222.

26

Walter Klemmer ist eine Person, die sich im Laufe des Romans verändert. Er ist ein Prototyp solches Mannes, der fast alle Frauen besitzen will. Da er sehr gut Frauen verführen kann, träumen sie einfach von ihm.

Er ist ein guter Schüler von Erika, studiert Elektrotechnik und wohnt bei seinen Eltern. Er hat sich entschieden Klavierunterricht zu besuchen nur wegen Interesse an Erika. Er ist von ihr einfach beeindruckt. Das Verhältnis von Schüler und Lehrerin macht für ihn den besonderen Reiz aus. Als der einzige kann er seine Gefühle zeigen. Einerseits ist er gefühlvoll, zart und hilft seinen Mitschülern, anderseits kann er aber mit Gefühlen der anderen Menschen spielen. So kann man sagen, dass Walter Klemmer zwei Gesichter hat.

Walter Klemmer ist ein ehegeiziger Sportler, er paddelt und auch die Liebe betrachtet er als einen gewissen Wettkampf: „Der Jagd ist für Mann des größere Vergnügen als die unausweichliche Vereinigung"[91] Auch in der Liebe geht es ihm nur um Niederlage oder Sieg. „Es ist auf einem Klo! geschehen. Da es für ihn keine Ruhmestat war, schweigt es indessen still. Er kann es später für die Nachwelt lügnerisch hinbiegen, dass er bei dem Kampf gewonnen hat."[92]

Erika ist in seinem Leben nur eine Episode. Nachdem er sie misshandelt und vergewaltigt hat, um sie aus Rache zu vernichten, wendet er sich wieder seinem Alltag zu, als ob es nicht passiert wäre. Walters Weltbild beschränkt sich auf Schein und Lüge und so sieht für ihn die Wirklichkeit aus: „Schein geht entschieden vor sein, spricht Klemmer. Ja, die Realität ist wahrscheinlich einer der schlimmsten Irrtümer überhaupt. Lüge geht demnächst vor Wahrheit, folgert der Mann aus seinen eigenen Worten. Das Irreale kommt vor dem realen. Und die Kunst gewinnt dabei an Qualität". [93]

Die Frau wird von ihm nicht ernst genommen und er verspottet sie, indem er die Meinung vertritt, dass eine Frau eine Frau ist. Dann macht er einen kleinen Scherz über das weibliche Geschlecht, indem er sagt: „ Diese Frauen! Wenn er IHR den Einsatz gibt, um sie spielen zu machen, sieht er sie an, ohne sie richtig wahrzunehmen. Er entscheidet nicht gegen SIE, er entscheidet nur einfach ohne SIE".[94]

Erika hat ihn soweit getrieben, dass er sich nicht mehr aus der Rolle des Herrschers befreien kann. Er will Erika, die ihn ursprünglich auf diese Idee gebracht und das von ihm verlangt hat, vernichten.

---

[91] Ebd., S. 170.
[92] Ebd., S. 198.
[93] Ebd., S. 120.
[94] Ebd., S. 89.

„Zwecks Weiterkommens in Leben und Gefühlen muss die Frau vernichtet werden, die über ihn sogar gelacht hat, zu Zeiten, da sie noch leicht triumphierte! Sie hat ihm Fesselung, Knebelung, Vergewaltigung zugetraut und zugemutet, jetzt erhält sie, was sie verdient".[95]

„Die Frau vor ihm schrumpft auf Miniaturmaße. Man kann sie werfen wie einen Ball, ohne sie aufzufangen. Man kann auch jede Luft aus ihr herauslassen".[96] Sie sinkt in seinen Augen und wird zu einem sinnlosen Gegenstand.

Er demütigt sie weiterhin, indem er ihr vorwirft, dass sie stinke, „Klemmer reißt Erika sacht an den Haaren. Sie soll die Stadt verlassen, damit er ihren ganz eigentümlichen und widerlichen Geruch, diese tierhafte Ausdünstung der Fäulnis nicht mehr aufnehmen muss mit seinen jungen und neuen Nüstern".[97]

Er will sich rächen und ihr wehtun. Das ist aber jedoch nicht alles. Bevor er sie vergewaltigt, will er sie noch demütigen, „ihr Nachthemd ist verrutscht, und Klemmer erwägt eine Vergewaltigung. Doch als Missachtung weiblichen Geschlechtsreizes sagt er, zuerst muss ich einmal ein Glas Wasser trinken". [98] Er missachtet, demütigt und erniedrigt sie und den „weiblichen Geschlechtsreiz".

Erika versucht krampfhaft Walter Klemmer zu beherrschen und ihm ihre Regeln aufzuzwingen. Sie möchte ihm unbedingt überlegen sein und ihm zeigen, dass sie die „Herrin" ist. Da sie seine Lehrerin ist, hat man hier mit einem Lehrer- Schülerverhältnis zu tun, wo sie die überlegene Person ist. Es kommt sogar zwischen den beiden dazu dass sie diejenige ist, die ihn „demütigt" und schlecht behandelt.

Diese Situation dauert aber nicht lange, denn dann ist der Rollentausch sehr deutlich zu bemerken: „Sie will sich von dem Mann völlig aufsaugen lassen, bis sie nicht mehr vorhanden ist".[99] Erika schreibt Walter sogar einen Brief, indem sie ihm ausführlich darstellt, wie er sie beim nächsten Treffen behandeln soll. Sie schildert in dem Brief, dass sie sich wünscht demütigt und misshandelt zu werden. „Erika gibt brieflich an, sie wolle unter ihm ganz vergehen und ausgelöscht sein".[100]

Sie tut sich auch selbst weh, wenn sie sich mit der Rasierklinge ihres Vaters absichtlich verletzt. Seltsam ist, dass sie dabei keinen Schmerz verspürt. Sie empfindet es als „nicht

---

[95] Ebd., S 158.
[96] Ebd., S. 224.
[97] Ebd., S. 224.
[98] Ebd., S. 275.
[99] Ebd., S. 209.
[100] Ebd., S.219.

unangenehm". „Es rieselt warm und lautlos und nicht unangenehm". [101] „Ihr Hobby ist das Schneiden am eigenen Körper". [102]

So betrachtet sie das als ihr „Hobby" also als etwas, was sie gerne und oft tut. „Der Schmerz ist selbst nur die Folge des Willens zur Lust, zum Zerstören, zum Zugrunderichten, und, in seiner höchsten Form, eine Art von Lust. Erika würde die Grenze zu ihrer eigenen Ermordung gern überschreiten". [103] Auch hier ist die Rede vom Schmerz als „Folge des Willens zur Lust".

Wie es aus dem Roman zu entnehmen ist, wird der Schmerz nicht nur die „Folge des Willens zur Lust", sondern auch zum „Zerstören" und zum „Zugrunderichten", Erikas innersten Wünsche. Auch ihrem Liebhaber Walter will sie wehtun, was aber noch nicht alles ist. Sie will ihn auch erniedrigen und ihm zeigen, dass sie die Überlegene ist. Einen gewissen Einfluss auf ihr Verhalten haben bestimmt ihre Kindheitserlebnisse, denn die ständigen Regeln und Fesseln der Mutter haben Erika schon in der Kindheit begleitet. „Hübsch ist Erika nicht. Wollte sie hübsch sein, die Mutter hätte es ihr sofort verboten". [104]

Erika wird als Frau vom Walter, also von einem Mann degradiert und ihre Mutter muss das miterleben, „die Mutter wird aufmerksam und muss erkennen, und das in ihrer angestammten Tür, dass ihre Tochter zu einer Art Sportgerät degradiert wird von diesem Mann". [105] Sie möchte so sehr endlich selbst herrschen, indem sie sich Walter gegenüberstellt.

Erika scheitert jedoch am Ende, weil sie trotzdem will, dass Walter über sie herrscht und ihre Befehle verwirklicht. Sie versucht auf diese Art und Weise zu herrschen, was ihr leider jedoch nicht gelingt.

---

[101] Ebd., S. 47.
[102] Ebd., S.90.
[103] Ebd., S.110.
[104] Ebd., S.30.
[105] Ebd., S. 269.

4. Zusammenfassung

Die vorliegende Arbeit hatte zum Ziel die Mutter- Tochter – Beziehung am Beispiel des Romans von Elfriede Jelinek zu analysieren, dessen Titel Die Klavierspielerin lautet. Es unterliegt dabei keinem Zweifel, dass diese Relation unterschiedlich sein kann und dass sie von viele Faktoren abhängt. Erstens ist das die Beziehung, die von zwei Frauen aus verschiedenen Generationen repräsentiert wird, in der der Altersunterschied eine relevante Rolle spielt.

Was den Roman von Jelinek anbetrifft, beschreibt sie ich ihm den Umgang von Generationen und ihre Konflikte miteinander. Die Mutter von Erika Kohut der Hauptprotagonistin des Romans wir als böse und angriffslustige Frau dargestellt. Ihr Benehmen wird von Jelinek mit dem Verhalten des tierischen Lebewesens verglichen. Ansonsten projiziert sie ihre Erwartungen auf ihre Tochter. Sie möchte, dass ihre Tochter Musikerin wird . Das ist ihr größter Wunsch. Das ist jedoch nicht alles, was Mutter Kohut dadurch erreichen möchte. Sie will noch am erhofften finanziellen Wohlstand der Tochter teilhaben. So werden die Wünsche der Mutter dabei über die Wünsche der Tochter gestellt. Dazu wird noch jede Anschaffung von Erika von der Mutter kontrolliert. Es lässt sich sagen, dass die Mutter Kohut einen physischen und psychischen Druck auf ihre Tochter ausübt. Jeder Kontakt mit Männern wird beschränkt. Erikas Sozialisation wird durch Vorschriften, Kontrollen und Verbote beeinflusst. Als Frau Professor setzt sie auch ihre Schüler unter Druck. Sie gibt das, was sie erfahren hat, einfach weiter. Diese Art der Erziehung trug bei Erika dazu bei, dass sie unfähig ist ihre Gefühle und ihren Körper zu kontrollieren. Deswegen flieht sie Erika in masochistische Selbstverletzung. Aus der psychischen und sexuellen verstrickt sie sich Abhängigkeit in ein Spiel mit dem Klavierschüler Walter Klemmer. Auch ihre Macht und Unterwerfung Selbstbehauptung spiegeln sich darin wider. In der Familie von Erika ist Sexualität ein Tabuthema. Sie lernte nie ihre Wünsche und Sehnsüchte zu formulieren oder zu äußern und deswegen ist sie nicht imstande sich anders zu benehmen.

Im Roman von Jelinek werden die Hierarchie sowie Abhängigkeiten dargestellt, die in der Familie und auch in der Mutter- Tochter – Beziehung herrschen. Für die Mutter Kohut ist ihre Tochter Erika immer das kleine Kind, dass kontrolliert werden muss. Die Mutter entscheidet darüber, welche Kleider Erika tragen wird. Die Entwicklung einer eigenen Persönlichkeit ist in solcher Familie stark verhindert. Obwohl der Vater von Erika schon lange nicht mehr lebt, wird die Unterdrückung der Frau in ihrer Familie nach wie vor manifestiert. Die Mutter will ihr den Vater ersetzen. Die Geschlechterrollen für Frauen und Männer werden in der Familie von Erika vom Patriarchat vorgeschrieben. So war die Gesellschaft der 80-er Jahre konstruiert. Erika gerät in eine Konfliktsituation mit der Mutter. Die Entwicklung ihrer Frauenpersönlichkeit wird von der Mutter bestimmt. Normalerweise akzeptieren Mutter und Tochter ihre Unterschiedlichkeiten. Es ist klar, dass auch die Reibungssituationen zwischen der Tochter und der Mutter notwendig sind, denn dank ihren kann die Tochter ihre eigene Identität finden. Mutter und Tochter werden bei Jelinek nicht als Partnerinnen als Freundinnen angesehen. Die Mutter – Tochter- Beziehung gleicht Entfremdung. Es wird im Roman von der Mutter-Tochter-Beziehung gesprochen , indem man sie sogar als eine weibliche Genealogie versteht.

5. Literaturverzeichnis

Badinter, E., Die Mutterliebe. Geschichte eines Gefühls vom 17. Jahrhundert bis heute.- München 1984.

Bartens, D., Pechmann, P., Elfriede Jelinek: die internationale Rezeption, Graz 1997.

Bartsch, K.., Höfler, G., Elfriede Jelinek, Graz1991.

Burger, R. Der böse Blick der Elfriede Jelinek. – In: Gürtler, Christa: Gegen den schönen Schein. Texte zu Elfriede Jelinek, Frankfurt 2005.

Cott, N.,F., The Groundinig of Modern Feminism New Haven 1997.

Davis, N., Z., Frauen und Gesellschaft am Beginn der Neuzeit: Studien über Familie, Religion und die Wandlungsfähigkeit des sozialen Körpers, Berlin 2003.

Dietze, G., Die Überwindung der Sprachlosigkeit. Texte aus der neuen Frauenbewegung, Darmstadt 1997.

Dorer, J., Geiger B., Feministische Kommunikations- und Medienwissenschaft: Ansätze, Befunde und Perspektiven der aktuellen Entwicklung, Opladen 2002.

Duden, Deutsches Universalwörterbuch, Mannheim 1994.

Glenk, E., Die Funktion der Sprichwörter im Text. Eine linguistische Untersuchung anhand von Texten aus Elfriede Jelinkes Werken. Wien 2002.

Harwas-Napierała, B., Trempała, J., Psychologia rozwoju człowieka, Warszawa 2009.

Janke, P., [Hrsg.]; Clar, P., Elfriede Jelinek: „Ich will kein Theater". Mediale Überschreitungen, Wien 2007.

Janke, P., Neuwirth, O., Spiel mit Formen und Bedeutungsebenen. Olga Neuwirth (Wien) im Gespräch mit Pia Janke. In: Janke, Pia (Hg.): Elfriede Jelinek: „Ich will kein Theater". Mediale Überschreitungen. Wien 2007.

Janz, M., Elfriede Jelinek, Stuttgart 1995.

Jelinek, E., Die Klavierspielerin, Berlin 2015.

Jurgensen, M., Frauenliteratur. Autorinnen. Perspektiven. Konzepte, Basel 1982.

Kricheldorf, B., Verantwortung - Nein danke!, Weibliche Unterhaltung als Strategie und Taktik , Frankfurt am Main 1989.

Larcher, S., Mütterlichkeit. – In: Benner, D., Oelkers, J.,(Hrsg.): Historisches Wörterbuch der Pädagogik. – Weinheim und Basel 2004.

Mack, K., Töchter & Mütter: Konflikte und Perspektiven, Holzgerlingen 2012.

Marchart, O., Cultural Studies, Stuttgart 2007,

Mathä, J., Fortschreibung des antiken Botenberichts in Elfriede Jelineks Rechnitz (Der Würgeengel), Wien 2007.

Mayer, V., Koberg, R., Dieser unentwegte Spaziergänger. Der Vater im Werk von Elfriede Jelinek.- In: Arnold, Heinz Ludwig (Hrsg.): Text + Kritik. Zeitschrift für Literatur.- München 2007, S.62-67.

Mayer, V., Koberg, R., Elfriede Jelinek: Ein Porträt, Reinbek bei Hamburg 2006.

Offen, K., Defining Feminism: A Comparative Historical Approach , Chicago1998.

Opitz-Belakhal, C., Geschlechtergeschichte, Frankfurt/ New York 2010.

Schestag, U., Sprachspiel als Lebensform. Strukturuntersuchungen zur erzählenden Prosa Elfriede Jelineks. Bielefeld 1997.

Internetquellen

http://www.familie.de

https://www.lds.org

BEI GRIN MACHT SICH IHR WISSEN BEZAHLT

- Wir veröffentlichen Ihre Hausarbeit,
  Bachelor- und Masterarbeit

- Ihr eigenes eBook und Buch -
  weltweit in allen wichtigen Shops

- Verdienen Sie an jedem Verkauf

Jetzt bei www.GRIN.com hochladen und kostenlos publizieren

Milton Keynes UK
Ingram Content Group UK Ltd.
UKHW012152270923
429475UK00004B/148

9 783346 031662